Tempo de crise

Do autor:

Notícias do mundo
O incandescente
Júlio Verne: a ciência e o homem contemporâneo
Ramos
A guerra mundial
O mal limpo: poluir para se apropriar?
Polegarzinha
Narrativas do humanismo

Michel Serres

Tempo de crise

O que a crise financeira trouxe à tona e como reinventar nossa vida e o futuro

Tradução
Clóvis Marques

1ª edição

BERTRAND BRASIL
Rio de Janeiro | 2017

CIP-BRASIL. CATALOGAÇÃO NA PUBLICAÇÃO
SINDICATO NACIONAL DOS EDITORES DE LIVROS, RJ

Serres, Michel, 1930-
S51t Tempo de crise / Michel Serres; tradução de Clóvis Marques.
- 1ª ed. – Rio de Janeiro: Bertrand Brasil, 2017.
96 p.; 21 cm.

Tradução de: Temps des crises
ISBN 978-85-286-2153-2

1. Economia internacional – História – Século XXI. 2. Crise econômica – História – Século XXI. 3. Crise econômica mundial, 2008-2009. 4. Ciência política – Filosofia. I. Marques, Clóvis. II. Título.

16-36300 CDD: 338.5
CDU: 330.101.542

Texto revisado segundo o novo Acordo Ortográfico da Língua Portuguesa

Título original: *Temps des crises*

Capa: Estúdio Insólito

Imagem de capa: Mike Kemp/Getty Images

Liberté • Égalité • Fraternité
RÉPUBLIQUE FRANÇAISE

INSTITUT FRANÇAIS
BRASIL

Cet ouvrage, publié dans le cadre du Programme d'Aide à la Publication 2016 Carlos Drummond de Andrade de l'Institut Français du Brésil, bénéficie du soutien du Ministère des Affaires Étrangères et du Développement International.

Este livro, publicado no âmbito do Programa de Apoio à Publicação 2016 Carlos Drummond de Andrade do Instituto Francês do Brasil, contou com o apoio do Ministério Francês das Relações Exteriores e do Desenvolvimento Internacional.

Todos os direitos reservados pela:
EDITORA BERTRAND BRASIL LTDA.
Rua Argentina, 171 – 2º andar – São Cristóvão
20921-380 – Rio de Janeiro – RJ
Tel.: (0xx21) 2585-2000 – Fax: (0xx21) 2585-2084

Atendimento e venda direta ao leitor:
mdireto@record.com.br ou (0xx21) 2585-2002

Sumário

Pode acontecer de um terremoto desenhar apenas uma ruga no solo; ou algumas fendas e rachaduras nas obras de arte, pontes e edifícios. Com a persistência milenar dos tremores, surge uma grande fissura na paisagem, como se pode observar na Islândia ou na Califórnia, com a Falha de San Andreas. Visíveis e logo impressos nos mapas, esses traços e marcas revelam e ocultam uma fissura gigantesca no nível das placas baixas, que se movem lentamente e racham de repente nos invisíveis abismos tectônicos. E a causa profunda de todos esses movimentos encontra-se aí.

Eis a planta baixa do livro e aqui vai o seu tema. Financeira e econômica, envolvendo as bolsas de valores, a crise que hoje nos sacode, sem sombra de dúvida, esconde e revela rupturas que transcendem no tempo a própria duração da história, como as falhas dessas placas baixas transcendem, no espaço, nossa percepção. Para encontrar essas causas soterradas, é necessário abandonar a atualidade dos números.

E também das emoções. Para que os pobres, você, eu, tenhamos precisado sair urgentemente em socorro dos ricos, por intermédio do Estado, terá sido necessário que os ricos se tornassem tão colossalmente ricos a ponto de parecer a todo mundo tão necessários à nossa sobrevivência quanto o Mundo. Assim, a crise de hoje pôs em explosivo curto-circuito a cifra das moedas voláteis manipuladas por alguns especialistas e a realidade global das coisas concretas. Onde encontro o solo e a terra que serviram de metáfora na minha abertura.

Este livro para que nessas coisas o leitor possa julgar por si mesmo.

Definições da palavra crise

Este verbo vem a calhar. A palavra crise vem do grego κρινω, *crinô*, que significa, justamente, julgar. Explicar o sentido de uma palavra permite às vezes esclarecer o que ela designa. Por exemplo: um *crítico* de teatro de certa forma conta a peça, não tanto que a revele completamente, mas acaba por dizê-la excelente ou ruim, bem ou mal encenada e interpretada; o crítico de cinema julga o filme uma bomba ou genial. De certa maneira, instala um tribunal.

Assim, a palavra crise deixa entrever sua origem jurídica. Trata-se, no caso, de uma decisão tomada por um júri e seu presidente. Palavra por sua vez latina, *decisão* quer dizer cortar em dois, como se fossem usados, em francês, *ciseaux*, tesouras. Sim ou não, o réu deve ser considerado culpado ou inocente? No fim do processo, é tomada a decisão. Em outros tempos, o pescoço. O crítico decide, em parte e às vezes, quanto ao sucesso ou à queda de uma reputação.

No espaço, essa decisão estabelece um caminho que se bifurca: vamos para a esquerda ou para a direita; a comédia é ótima ou um fracasso; o acusado, culpado ou inocente, condenado ou libertado. Conta-se que Hércules, jovem, teve de escolher entre dois caminhos: o vício ou a virtude. Trate então de optar você também. Julgamento e escolha.

Desde que Bayle escreveu um *Dicionário histórico e crítico*, desde que Leibniz levou Deus ao tribunal dos filósofos sob a acusação de responsabilidade pelo Mal, desde os famosos títulos de Kant, a filosofia e a história entraram juntas numa era em que o modelo crítico passou a ter valor de lei: essas duas disciplinas se instalaram então como juízes supremos, por sua vez isentos de crítica.

Tendo passado ao léxico médico, já agora de maneira decisiva no que nos concerne, a crise descreve nele o estado de um organismo que enfrenta o crescimento de uma doença, infecciosa, nervosa, sanguínea, cardíaca, até um ápice local e catastrófico que põe em risco ele todo crise de nervos, de asma, de apoplexia, epiléptica, crise cardíaca... Nessa situação, dita, justamente, *crítica*, o corpo mais uma vez toma, por si mesmo, uma *decisão*: ultrapassado esse limite, ou bem ele morre ou envereda por um percurso completamente distinto. Bifurcação e escolha, mais uma vez. Caso sobreviva ao sair da referida crise, ele toma outro caminho e se cura.

O que pensar, então, dessa cura? Que ela nunca representa uma volta atrás — a expressão restabelecer a saúde é um equívoco — nem restaura o estado deixado para trás, pois esse retorno retomaria, como num círculo, uma evolução idêntica na direção da crise. A cura indica, portanto, um estado novo, como que modelado pelo organismo com novos recursos. A crise lança o corpo na direção da morte ou na direção de uma novidade que o force a inventar.

Diga-se, a propósito, que aí está um dos magníficos segredos da vida: a possibilidade de criar do zero, por si mesmo, uma organização completamente diferente do organismo! Ela pode inventar uma nova existência! Será que não o poderíamos nós também?

Se de fato vivemos uma crise, nesse sentido forte e medicinal do termo, não cabe uma volta atrás. As expressões retomada ou reforma não fazem sentido. Ou bem se trata realmente de uma crise, e não poderia haver retomada —

pois, equivalendo a uma repetição, ela nos precipitaria, perfazendo uma espécie de círculo, como acabo de dizer, numa situação crítica no mínimo análoga, ou, pior ainda, num estado instável e caótico, mais ou menos longo, no qual a frequente lembrança desse mesmo retorno reviveria várias vezes uma situação semelhante de ruptura. E isso a história do século XIX na França deixa abundantemente claro: tantas restaurações, tantas revoluções. Ou então, em sentido inverso, o curso habitual pode ser retomado, e não se trataria mais de uma crise.

Cabe a mim escolher também: hoje, trata-se de fato de uma crise. É preciso, assim, inventar o novo. Seria eu capaz? Nada é tão incerto. Seremos capazes de traçar outros caminhos? Espero que sim. Mas quais? Ninguém sabe ainda. Seja como for, não há busca mais apaixonante.

Chamo a atenção enfaticamente para essa imposição da novidade. Tivemos um exemplo dramático disso em 1929, quando uma crise econômica precipitou aos poucos o Ocidente e o mundo numa guerra de cem milhões de mortos. Melhor evitar semelhante cegueira. Muitos temem essa obrigação de inventar, e não podemos culpá-los. De minha parte, tenho a audácia de me regozijar. Por quê?

Capítulo I

Seis acontecimentos

Novidades milenares

Todo mundo conhece, muitos sabem analisar as causas imediatas da crise financeira que hoje sacode o cassino bancário e podem até apontar alguns responsáveis. Não vou aqui retomar o que os meios de comunicação repetem diariamente.

Não me considero economista nem especialista financeiro. Penso simplesmente que a defasagem entre as cifras alcançadas pelo cassino volátil da Bolsa e a realidade do trabalho e dos bens, mais pesada e lenta, defasagem mensurável em euros e percentuais, equivale à distância imensa hoje existente entre o espetáculo midiático-político e uma nova condição humana. A primeira defasagem, contábil, pode contribuir para avaliar esta segunda distância. É o que este livro tenta demonstrar.

Para medir as duas, tomarei certo afastamento no espaço e no tempo. Há alguns anos, *Hominescências* tentou fazer uma espécie de balanço das novidades que afetaram o Ocidente nos anos que se seguiram à Segunda Guerra Mundial e especialmente na década de 1960. Devo definir os termos que emprego: como mesurar a novidade de um acontecimento? Ela é proporcional à duração da era anterior, que vem a ser concluída por tal acontecimento. Voltarei várias vezes a esse esclarecimento.

1 — *Agricultura*

No século XX, nos países semelhantes à França, o percentual de camponeses e pessoas associadas pelo ofício à lavoura e à pastagem, em relação à população global de determinado grupo, caiu de mais de 50% para apenas 2%. Esta queda evoluiu inclusive para um desabamento na década em questão e que prossegue até hoje. Embora continue a se alimentar da terra, a humanidade ocidental, pelo menos aqui, na França, afastou-se dela.

Acontece que nela trabalhava e dela vivia desde os anos que se seguiram ao neolítico. Recente, essa ruptura pode ser considerada um acontecimento que transcende, de longe, a história habitual, pois conclui um segmento temporal iniciado na pré-história. Podemos dizer que o neolítico chega ao fim no século XX, e especialmente nos anos 1960-1970.

Vou desde já reiterar: como estimar, como medir a importância de um acontecimento, sua novidade? Se de fato essa medida é proporcional à duração a que dá fim, esse brutal esgotamento da população rural constitui uma das rupturas mais importantes e mais raras desse século, pois conclui uma era que teve início há dez mil anos. As que mencionarei posteriormente também serão medidas a partir do mesmo referencial.

Paralelamente, a proporção de seres humanos vivendo em cidades passa de 3% em 1800 a 14% em 1900 e a mais da metade em 2000. Os demógrafos preveem que em 2030 essa proporção chegará perto de 70 a 75%. Já assistimos, aqui e ali, à formação de gigantescas megalópoles.

O que nos diz então a nossa velha história quando fala da importância de Babilônia, Jerusalém, Atenas, Roma, Paris, Londres ou Washington...? Estaria exaltando a força da minoria ínfima que rondava as cidades? A maioria dos seres humanos vivia fora desses lugares e, portanto, dessa narrativa? À parte as guerras em que morriam, meus antepassados camponeses e barqueiros, mesmo próximos da minha geração, não tinham o menor conhecimento dessa história, exceto que as mães eram privadas da vida dos filhos, e as moças, de seus jovens amores.

Ora, quando a maioria dos seres humanos assim se desterritorializa, a relação com o mundo se transforma. Um elevado percentual das gerações que me sucedem nunca viu pintos nem palha, jugo nem relha. Nem vaca nem porco nem ninhada. Não só nunca viu como tampouco ouviu peru ou pato. Também não sabem mais falar línguas regionais, cujo suntuoso mosaico rapidamente se apagou com o assassinato coletivo dos camponeses-infantes na Primeira Guerra Mundial, caindo brutalmente, mais tarde, com o desaparecimento das comunidades rurais locais.

Marinheiros e aviadores agora se orientam pelo GPS, sem estrelas; até os astrônomos trabalham na tela. Para saber como está o tempo, ninguém observa mais o céu, todos assistem à previsão meteorológica pela televisão. Acredita-se na bondade da natureza e na mansidão dos tigres. E é assim, na verdade, que sobrevive o velho estar-no-mundo dos filósofos; melhor seria dizer o estar-no-apartamento, que às vezes sai de calças curtas para férias na Arcádia.

Essa ignorância do mundo em que permanecemos por tanto tempo perdura neste momento, instável e delicado, no qual, despertando, ele muda de condição ao se tornar, como veremos, o terceiro ator da política.

Primeiro choque: tudo se torna político, do grego *polis*, cidade. Todo mundo cidadão, cada vez mais. Praticamente vivalma alguma, já agora, vive nem viverá fora dos muros de uma cidade. Menos seres-no-mundo. Quem então haverá de conhecer o mundo, como o conheceram e praticaram os rurais? Quem pensa nele agora?

Segundo choque: acontece que, exatamente nesse momento, o mundo se vinga e ameaça os homens. A partir de então, talvez nada mais seja realmente político, nesse sentido tradicional.

Voltarei adiante a essa virada.

2 — *Transportes*

Passo agora ao novo ambiente humano gerado pelo conjunto dos meios de transporte.

A mobilidade das pessoas aumentou mil vezes entre 1800 e hoje. No que diz respeito, por exemplo, ao transporte aéreo, eleva-se em 2008 a três trilhões de quilômetros-passageiros. Pelo menos numericamente, um terço da humanidade (2,3 bilhões) transportou-se de avião em 2006; e esse aumento prossegue. Naturalmente, nada de comparável desde o surgimento do *Sapiens*.

Em paralelo, a mobilidade de frutas e legumes, animais selvagens ou domesticados, insetos, artrópodes, vírus e bactérias, mobilidade conhecida e praticada há milênios, aumentou nas mesmas proporções. A distância percorrida pelas mercadorias encontradas nos hipermercados é calculada em milhares de quilômetros.

Um novo e inesperado coletivo, invariante por variações, designado em *A lenda dos anjos* como Vilanova, soma e mistura de todas as cidades por meio de mil tecidos intercidades, entre os quais o maior restaurante do mundo, por exemplo, é o da maior empresa aérea americana, surgida já há algumas décadas. A França torna-se uma cidade que tem o trem de alta velocidade como metrô e as autoestradas como ruas.

Esses deslocamentos expõem o sistema imunológico dos seres humanos a pandemias às quais talvez não saibamos mais, um dia, como responder.

3 — *Saúde*

Por volta da década de 1950, a disponibilidade de penicilina e antibióticos tornou a medicina eficaz, pelo menos no que diz respeito às principais doenças infecciosas, tuberculose e sífilis. Aparentemente com razão, muitos dizem que essa medicina eficiente só nasceu de fato depois da Segunda Guerra Mundial. Por outro lado, química e farmácia produziram antálgicos, analgésicos e anestésicos cuja potência apagou — estou falando estatisticamente — uma dor cuja experiência geral e cotidiana acompanhava as existências, as condutas e morais qualificadas como doloristas pelo nosso esquecimento desse sofrimento cotidianamente suportado, ao passo que elas nos incitavam a exercícios que permitiam suportar, pelo menos em parte, essa inevitável companheira de toda a vida. Recentemente, por exemplo, a generalização da peridural alterou as condições do parto: a mulher já não dá à luz numa dor cuja maldição durava desde o surgimento do *Sapiens*. Outro exemplo, até mesmo milagroso: a erradicação da varíola pela OMS na década de 1970. Ela não cura um doente, mas a integralidade de uma doença. Uma organização mundial eliminou um vírus universal.

Pouco antes da Segunda Guerra Mundial, René Leriche definia a saúde como silêncio dos órgãos; o que provava que, ao serem ouvidos, eles emitiam, sobretudo, o som do sofrimento. Hoje, todo mundo fala em forma física ou bem-estar, que, de minha parte, defino como a refinada música dos órgãos. Em outras palavras, antes das mencionadas datas e pelo menos no Ocidente, o patológico era normal, pelo menos pela frequência; posteriormente, a saúde tornou-se a norma.

* * *

O corpo, então, transforma-se; passada a década de 1950, surge um organismo humano de uma novidade da qual talvez ainda não tenhamos uma ideia bem precisa. Falo ainda em termos estatísticos: menos sofrimentos, menos doenças incuráveis, menos traços dessas dores na pele... Outrora escondido, pois salpicado de cicatrizes e abcessos, já agora apresentável, o corpo se despe nas praias.

Melhor ainda, começamos, pelo menos desde Semmelweis, de gloriosa memória, a dominar a mortalidade materna e infantil e, desde Pincus, a sexualidade, a reprodução e o nascimento. Esperando que finalmente se manifeste, em nossas culturas ainda abominavelmente machistas, uma igualdade dos sexos; ainda bem recentemente nossos livros de história diziam essa mentira insuportável de que os franceses tinham conquistado o sufrágio universal, embora apenas metade dos adultos votasse.

O tempo de nascer, os surtos de dor, a duração das doenças não dependiam de nós; já agora dependem em parte. E talvez até o momento da morte, que podemos parcialmente adiar pela abstinência de alimentos gordurosos, de tabaco, de dezenas de drogas disponíveis e cultivando um duplo exercício cotidiano, um deles bastante útil, o do corpo, e o outro, indispensável, sob pena de senilidade precoce, e apesar disso tão raro, o intelectual.

Resumindo: de um mundo cada vez mais ignorado, de uma natureza de sonho, de um ambiente móvel, rapidamente tornado virtual, surgem corpos que pouco têm relação com os de seus pais, apesar da proximidade.

Aqui, a duração cujo fim é assinalado pelos acontecimentos ligados à saúde não é medida mais em milhares de anos, alcançando o próprio surgimento do *Sapiens;* ela não ultrapassa mais a história em direção à pré-história, quase chegando a tocar no processo de hominização. Eis por que escolhi em dado momento a expressão "hominescência", mais leve que a anterior, para caracterizar uma novidade por sua vez milionária.

4 — *Demografia*

Simultaneamente e, grosso modo, pelas mencionadas razões, em particular em virtude da queda que aos poucos se generalizou da mortalidade infantil, o número de seres humanos passou de 2 bilhões para 6 e logo chegará a 7, quase sempre confinados em gigantescas megalópoles. Data do apogeu: em 1968-1969, o crescimento demográfico atinge um ápice jamais alcançado desde o *Homo sapiens*: 2%. Em seguida, teria ligeira queda.

Correlativamente, mas já agora apenas nos países ricos, a expectativa de vida teve por sua vez um crescimento que hoje os demógrafos estimam pelo número colossal de três a seis meses por ano. Na França, nossas companheiras superam em média 85 anos. Logo estaremos vivendo em companhia de milhares de centenários. Este ou aquele romance de George Sand ou Balzac, esta ou aquela comédia de Musset, vale dizer, há pouco mais de um século, dão a entender, no caso das moças, estimativas próximas a 30 anos.

Mas onde foi parar a vida de outros tempos?

Essa recomposição da paisagem humana não podia deixar de transformar profundamente instituições e costumes: família, aposentadoria, herança, sucessão, transmissão. Um casamento em que os cônjuges juram fidelidade por cinco anos acaso se assemelha àquele em que a mesma promessa vale por sessenta anos? Como, então, espantar-se com a queda numérica dos matrimônios? A palavra continua em vigor, é verdade, mas remete a outra realidade. A transmissão dos bens às vezes pula duas gerações. Melhor ainda: os jovens, em outros tempos, partiam para a guerra, com uma flor no fuzil, para dar a pátria uma expectativa de vida de alguns anos. Acaso acorreriam hoje com o mesmo entusiasmo para oferecer a esse coletivo, considerado por eles ignóbil e monstruoso, ou a generais, visto como assassinos, para oferecer-lhes, dizia, várias décadas? Como então espantar-se com uma sensibilidade totalmente diferente em relação à guerra? Por acaso ergueríamos hoje em nossas praças estátuas de bronze ou de mármore em homenagem a assassinos glorificados pela história em função do número de cadáveres que acumularam em vida?

Mas onde foram parar nossos heróis de outros tempos?

5 — *Conexões*

Depois do mundo e do corpo, nossas relações. As mencionadas novas tecnologias alteram nossos vínculos, as vizinhanças, o saber e os modos de acesso a ele. O *conectivo* substitui o coletivo. O mais ignorante de nós tem hoje acesso bastante fácil a maior quantidade de conhecimentos que o maior sábio do mundo ontem. Essa facilidade torna obsoletas as teses universitárias de história ou filosofia nas quais o erudito repetia pesadamente, sobre determinado assunto, toda a documentação possível, exibindo-a para mostrar sua obstinada perícia. Um clique a torna imediatamente disponível; uma fração de segundo sucedeu a dez anos de pesquisas. Paralelamente a uma nova razão, cuja abstração, cabe dizer, perde-se um pouco frente ao formidável dilúvio de detalhes, informações, observações, dados em geral, surge uma nova memória objetiva que tende a substituir a subjetiva, a qual, com isto, é em grande parte perdida.

Mas onde estão nossos sábios e eruditos de outros tempos? Onde estará em breve nossa pedagogia de antigamente?

Além disso, não habitamos mais o mesmo espaço. Constando do número na rua e de algumas referências de um país, nosso antigo endereço indicava que morávamos no velho espaço euclidiano, ou melhor, cartesiano, remetendo a referenciais por distâncias. Derivado, por outro lado, do direito e do rei, o mesmo termo "endereço" permitia ao funcionário alfandegário, ao militar ou ao policial apresentar-se em domicílio, em caso de não pagamento dos impostos, ausência do serviço militar, delito ou crime. Os códigos do celular não se referem mais, assim, a conjuntos de distâncias; sua codificação nos leva a pensar que vivemos hoje num espaço de vizinhanças. As novas tecnologias não reduzem a distância, mas transportam as casas a um espaço totalmente diferente, de caráter topológico. Cercados exclusivamente de pessoas próximas, não vivemos mais no mesmo refúgio que nossos pais.

E onde foi parar nosso habitat de outros tempos?

Muda igualmente a influência que pode ser exercida sobre os outros por este ou aquele indivíduo, ainda ontem considerado desinteressante e até mesmo vulgar. Cidadã da Valônia belga e simples mãe de família, a Sra. Huard recebeu há dois verões mais visitas na internet que os votos obtidos em todas as suas campanhas eleitorais pelo político então cotado para formar o governo de seu país. Jovem gênio do subúrbio de Montpellier, Rémi Gaillard realiza vídeos rápidos e cômicos e recebe, no site onde os exibe, 400 milhões de acessos, número equipotente ao mundo, investindo apenas 4 mil euros e praticamente sem obter lucros. Aí estão duas pessoas, uma mulher e um homem, que muito respeito e que ensinam a respeitar qualquer passante na rua. Com efeito, prefiro seu quase anonimato à glória daqueles que tentam colocar-se acima dos outros por meio de armas e violência, física, intelectual, financeira ou midiática. Gosto dessas andorinhas que finalmente anunciam uma democracia primaveril da qual só conhecia contrafações, desde a mentira aristocrática grega.

Mas onde foram parar os políticos e as estrelas de outros tempos?

6 — *Conflitos*

Optei por resgatar na minha análise o meio século que nos separa da Segunda Guerra Mundial porque ela assinala outra data capital no processo de hominização. Com efeito, foi este o primeiro conflito no qual, segundo os especialistas, os seres humanos conseguiram matar mais semelhantes do que foram capazes os micróbios e bactérias encontrados nos anteriores confrontos e em suas épocas. Pela primeira vez, a razão, a ciência e a tecnologia superavam então as leis mortais da vida. Nesse momento, a guerra pela guerra levou a melhor sobre a luta pela vida. A Bomba derrotou Darwin.

Antigamente, desde que os machos do *Homo sapiens* se entregam ao prazer predador de se matar uns aos outros, uma batalha colocava em confronto armas e exércitos, é verdade, mas também ratos, pulgas e vírus que matavam muito mais que os sabres e golpes, mais até que as metralhadoras. Apesar de justificadamente considerada a mais pavorosa mortandade de todos os tempos, a Primeira Guerra Mundial causou menos mortes que a chamada gripe espanhola, cujas vítimas, pelas mais recentes estimativas, podem ter chegado a 100 milhões. A Segunda Guerra Mundial marca esse momento de virada: em termos de tanatocracia, tornamo-nos mais capazes que a natureza. Que pavoroso modelo de dominação! Sim, os homens se tornaram nesse período mais perigosos para os homens que o mundo.

O Projeto Manhattan levou à bomba A, a bomba de Hiroshima e Nagasaki, a que me referi em outro momento como o primeiro objeto-mundo: uma de suas dimensões é compatível com uma das dimensões físicas do mundo; outros objetos-mundo viriam depois, satélites, internet, resíduos nucleares ou nanotecnologias. A Guerra Fria deu continuidade ao processo, e certos países, abertamente ou em segredo, se equiparam com a bomba H.

O equilíbrio das forças mundiais transforma-se então numa situação que ainda não sabemos analisar de fato e na qual, cúmulo do paradoxo, não é certo que o mais forte, apesar de cada vez mais forte, permaneça por muito tempo como o senhor da situação. Por exemplo: apesar de gastar mais de 1 trilhão de dólares, a hiperpotência incontestável não conseguiu até hoje vencer uma guerra contra um dos países mais fracos do planeta. Estranha crise da potência.

Mas onde foram parar os senhores de outras épocas?

Balanço da lista. Em algumas décadas transformaram-se radicalmente: a relação com o mundo e a natureza, os corpos, seu sofrimento, o ambiente, a mobilidade dos seres humanos e das coisas, a expectativa de vida, a decisão de dar à luz e às vezes de fazer morrer, a demografia mundial, o habitat no espaço, a natureza do vínculo nas coletividades, o saber e a potência...

Pelo menos num ponto, dispomos de elementos históricos de comparação. A informática oferece, como voltarei com frequência a dizer, novos meios de estocar, tratar, emitir e receber informação. Antes dela, a imprensa, no século XV da nossa era, e a escrita, antes de Jesus Cristo, tinham realizado performances análogas. Essas duas proezas haviam transformado o direito, as cidades, seu governo, o comércio, a ciência, a pedagogia e a religião, prova perfeitamente concreta de que as tecnologias suaves têm mil vezes mais influência na sociedade que as técnicas duras, de consequências comparativamente superestimadas. Com efeito, as matemáticas nascem com a escrita, e a ciência moderna, com a impressão; da mesma forma, a moeda cunhada substitui o escambo, e a cédula bancária, a moeda. E assim sucessivamente, até as religiões monoteístas do Livro e da Escritura, surgidas no Crescente Fértil, e a Reforma, no Renascimento. Semelhante espectro de mudanças abarca quase todas as instituições; duas vezes ele esclareceu a história recente; e se reproduz até hoje. Assistimos a crises locais e parciais, efetivamente decorrentes das novas tecnologias, e que afetam todos os setores que acabo de enumerar.

Mas não temos um modelo equivalente para avaliar o efeito das mutações agrícolas ou corporais, nem para as rupturas que dizem respeito à relação com o mundo e os seres humanos. A importância de um acontecimento é medida, friso mais uma vez, pela duração da era que vem a concluir. Aqui, as mudanças detêm ou encerram períodos tão longos quanto o que nos separa do neolítico, e mesmo do nosso próprio surgimento, equivalendo a dezenas de milhares ou mesmo a milhões de anos. Posso ver claramente a borda acima da fissura ou anterior a ela; mas não estou convencido de distinguir com a mesma clareza a borda abaixo ou posterior. As mulheres e os homens mudaram mais desde o seu surgimento? Eis por que usei o neologismo "hominescência". O que acontece quando ocorrem transformações tão decisivas?

Voltando a examinar individual e particularmente os diversos componentes acima mencionados dessas mudanças, entendemos por que entraram recentemente em crise: a produção agrícola e a circulação de seus produtos, o ensino, a Universidade, em suma, a transmissão do saber e das tradições, o exército, a própria guerra e o terrorismo, os hospitais, o direito, o vínculo social, as cidades, as religiões... Em outras palavras, em vez de falar apenas do recente desastre financeiro, cuja importância, ruidosamente anunciada, decorre do fato de o dinheiro e a economia se terem apropriado de todos os poderes, dos meios de comunicação e dos governos, mais valeria assumir *a experiência, evidente e global, de que o conjunto das nossas instituições vivencia já agora uma crise que ultrapassa em muito o alcance da história comum.*

Pois agora me digam o que *não* está em crise!

Acontecimentos contemporâneos

Acontece, justamente, que a década de que acabo de falar viveu três pequenas rugas quase imperceptíveis na superfície lisa da história: entre 1960 e 1965, estouraram na França, da Bretanha ao Aveyron, da Alsácia aos Pireneus, revoluções camponesas nas quais, circunstância já agora rara, chegou-se a contar uma dezena de mortos; entre 1960 e 1962, realizou-se em Roma o concílio Vaticano II, que com o seu *aggiornamento* inquietou, melhor dizendo, desequilibrou a maior religião mundial, a católica; e por fim, em 1968, movimentos estudantis se disseminaram por todo o planeta num momento em que a bomba atômica tornava-se nuclear.

Esses três acontecimentos designavam, segundo acredito, uma placa tectônica; reagiam às mudanças de hominescência descritas pela lista acima. Poucos observadores reconheceram seu alcance, pois todo mundo raciocina em termos de economia ou política. Mas o fato é que estavam lidando com o que há talvez de mais longo e profundo em nossas tradições e culturas: o religioso, erudito ou cultural, o militar, ou econômico, vale dizer, as classes outrora enumeradas por Georges Dumézil: os padres e clérigos, os guerreiros, os produtores. Retornarei a essa tríade que há milhares de anos partilhava a extensão indo-europeia.

Estranha e perigosa coisa, não obstante essas importantes transformações, as nossas instituições: políticas, religiosas, militares, universitárias, hospitalares, financeiras, empresariais... continuaram praticamente como se nada estivesse acontecendo.

Pensados, inventados, organizados para uma humanidade na qual menos de 1 bilhão de almas comportavam uma imensa maioria de camponeses fixados à gleba e dispersados no espaço rural, trabalhadores braçais de corpo raramente cuidado, muito menos medicado, de expectativa de vida na faixa dos 30 anos, submetidos à dor cotidiana, ao conforto zero, sobrevivendo com dificuldade à fome e às doenças, frente à uma natureza necessária e sentida como cruel, teorias econômicas e políticas, instituições e sistemas sociais continuaram a gerir seres humanos e um mundo que já então nada mais tinham a ver com esse tempo de duração milenar, subitamente encerrado em apenas meio século. Iríamos pagar um preço por essa cegueira.

Em outras palavras, a defasagem entre a situação real da natureza e da sociedade, com as mutações que veio e continua a sofrer, entre a novidade dos corpos, sua conexão com o mundo, suas relações de novas vizinhanças, a defasagem, dizia, entre esse real recém-advindo e organizações instituídas numa época em que a humanidade vivia de maneira completamente diferente, essa defasagem não parou de aumentar durante os cinquenta últimos anos. Mais uma vez, como medi-la? Pela distância que separa os países ricos dos demais, comparada em *A lenda dos anjos* à diferença que nossos antepassados gregos e romanos estabeleciam entre os mortais e os deuses.

Nada mais arriscado que viver essa defasagem. Ela se assemelha estranhamente à tensão entre duas placas tectônicas, tensão cujo crescimento prepara silenciosamente um terremoto de intensidade proporcional à duração dessa espera.

Assim, as instituições ainda dominantes, brutalmente envelhecidas como os dinossauros de outros tempos, refugiam-se na droga do espetáculo. Pão, é verdade, economia, poder aquisitivo, desemprego..., pão, é claro, mas sobretudo jogos, para esquecer o pão: jogos televisivos, radiofônicos, esportivos e até eleitorais. Assistimos consternados à permanente distribuição da droga dos espetáculos de todo tipo. Ocidental, toxicômano.

Estaríamos chegando ao outro lado dessa placa de in-consciência? Percebo a aproximação de perturbações no mínimo análogas às que puseram fim a uma era inteira, como, por exemplo, a Antiguidade, da qual desapareceram muitas culturas. Não distingo muito bem, repito, a borda anterior da fissura aqui desenhada, mas ela certamente se assemelhará a um inesperado rearranjo dos resultados decorrentes dessas transformações. Provavelmente as peças esparsas, fáceis de ver — como demonstra a lista acima —, formarão um desenho global, novo e imprevisível.

Enquanto isso, contudo, essa constatação permite avaliar a profundidade e o alcance da crise: ela não afeta apenas o mercado financeiro, o trabalho e a indústria, mas o conjunto da sociedade, toda a humanidade. E, com efeito, se trata, para além de toda a história, da relação essencial dos seres humanos com o mundo.

Recuo indo-europeu

Acabo de prometer uma segunda volta no tempo e outra visão geral no espaço.

Pelo menos nas sociedades indo-europeias, como disse, as instituições sociais e políticas se desenvolviam num terreno previamente dividido em três áreas, reinados ou funções: a religião, o exército, a economia, produtiva e comercial. Recentemente, em várias obras nas quais examinou essa tríade em diversas culturas, línguas e latitudes, o já mencionado Georges Dumézil mostrou sua estabilidade a longo prazo, nos mitos, nos símbolos, nos usos e comportamentos. Muitas vezes representada por seu autor por meio dos deuses romanos Júpiter, Marte e Quirino, essa exposição, clara e ampla, há muito me convenceu. Ela ainda perdura na segmentação, enunciada às vésperas da Revolução Francesa, entre o clero, a nobreza e o terceiro estado.

Os poderes foram alternadamente assumidos, em função das eras e regiões, por um pequeno punhado de padres ou clérigos, em nome de um equivalente de Júpiter, chefes militares, sectários de Marte, e plutocratas, adeptos de Quirino ou pelo menos de sua mão invisível. Não tivemos muitas outras aristocracias; continuamos obedecendo a senhores raros e seletos. Foi assim que vivemos a era milenar das democracias; depois, a Idade Média do feudalismo; e por fim a modernidade da economia. Por trás de dez diferentes máscaras, entre elas a da democracia, reinou um pequeno punhado de padres, guerreiros, homens ricos ou mesmo especialistas na suposta ciência, feroz e mole, da Administração.

Se não levarmos em conta algumas teocracias esparsas no mapa e perigosas como doenças terminais, o reinado de Júpiter desapareceu, pelo menos no Ocidente, por volta da era das Luzes; hoje, deploramos apenas suas doenças mortais ou seus restos mortíferos. Nosso pavoroso século XX assistiu, espero, com o fascismo, o nazismo, o stalinismo e a bomba termonuclear, ao fim do reinado marcial, pois, como disse, a hiperpotência militar não sabe nem pode mais ganhar uma guerra considerada fácil de vencer contra fracos e pequenos.

Com o lemos mil vezes nos livros de história, acreditamos por outro lado, ingenuamente, que a antiga conduta do povo romano, exigindo constantemente *panem et circenses*, pão e jogos, *resultava* de seu estado de decadência ou pelo menos o fazia aparecer. Em absoluto: ela a *causava*. Com efeito, supor que uma sociedade pode viver exclusivamente de pão e jogos, de economia e espetáculo, de poder aquisitivo e meios de comunicação, de bancos e televisões, como hoje subsistimos, representa tal contrassenso em relação ao real funcionamento de toda coletividade que essa escolha exclusiva, equivocada, a precipita em direção ao seu fim puro e simples, como vimos no caso da Roma antiga. Equivaleria a dizer, por exemplo, que um organismo se sustenta apenas vendo e comendo; ele imediatamente morreria por não respirar, nem se deslocar, nem beber. Não estou dizendo que a economia é marginal; ela continua sendo central, mas acreditar numa força exclusiva e adornada da aura cosmética da representação acabaria por nos levar à extinção.

Arrisco agora uma hipótese forte, que não posso nem sei, naturalmente, controlar. E se a crise atual marcasse por sua vez o encerramento desse reinado *exclusivo* da economia? Depois de Júpiter e Marte, Quirino desceria do trono? Morreria por ter dirigido, por controlar ainda uma exploração do mundo mortal para ele? Por organizar um trabalho cujos atos em sua maioria o esgotam? Por ter separado os seres humanos em classes de tal natureza que a mencionada derrubada da potência poderia ser atribuída ao fato perfeitamente humano de que uma guerra conduzida em função de uma técnica, protetora das vidas que a ativam, será sempre perdida contra uma fraqueza numerosa que não conta suas perdas em vidas? Isto é, ao fato de que a demografia dos miseráveis levará a melhor sobre a potência termonuclear, mas que essa vitória poderá da mesma forma assinalar o fim do planeta?

Nossa antiga relação econômica com o mundo estaria chegando ao fim? Para dizê-lo numa palavra, o potencial indefinido da pesquisa, do progresso ou da exploração racional e técnica tinha e ainda tem como objeto um conjunto finito de coisas concretas, inertes ou vivas. Para desenhá-lo numa imagem, eis a infinitude dos seres humanos frente à finitude do mundo. Cabe lembrar que pensávamos o contrário: acreditávamos na nossa fraqueza e na força de uma natureza que nos prostrava, na finitude humana, portanto, e no infinito do mundo. Achávamos, corajosos, que toda a nossa história consistia em lutar constantemente contra uma força sempre mais alta e mais profunda que a nossa. A imagem se inverte: sabemos agora que somos infinitos, de razão, de investigação, de desejo e de vontade, de história e de potência, e mesmo de consumo, e que a natureza, diante de nós, é finita. Inverte-se um processo mais longo que a história, pois o julgávamos indefinido, com efeito, e hoje vem de encontro a essa barreira, o mundo, cuja assíntota certamente constitui a borda anterior da crise. Eis sem dúvida o *non plus ultra* que exige pelo menos um desvio, ou, na melhor das hipóteses, novos caminhos. Eis o início da chamada era do antropoceno, na qual os humanos terão de recorrer, diante desse obstáculo, a movimentos muito diferentes que em suas estratégias passadas.

Volto ao balanço de há pouco: trate-se da agricultura e da nova relação com a natureza, dos transportes e da mobilidade das coisas e dos homens, da saúde pública, da expectativa de vida e do crescimento demográfico, do espaço, dessa nova casa das vizinhanças construída pelas novas tecnologias, das armas de destruição em massa e do terrorismo, o fato é que o mundo efetivamente forma hoje a assíntota comum, a referência global de todos esses processos. Assíntota comum, é bem verdade, mas também conhecida, pois começamos a saber avaliar suas somas e capacidades globais. Tudo convergia para ele, para aquela que era considerada sua infinitude, mas já agora virá dele, barreira finita. De nossa história vêm os problemas, dele nascerão as possíveis soluções, as quais agora contemplarei. Muro, barreira, casa, condições de sobrevivência... que a história em geral esquece.

Ante esse novo tipo de necessidade surge, com efeito, um hominescente, que por seu número, seu corpo, sua força, sua circulação, suas relações com os outros, sua ciência e sua capacidade de intervenção transforma tanto a natureza e quanto sua própria natureza, além da relação profunda com as coisas e com sua humanidade. Já agora munido de ferramentas ou máquinas das quais, muitas vezes, uma ou várias dimensões tornam-se compatíveis com uma ou outra do mundo: armas de destruição ou de construção em massa, técnicas globais no espaço, na duração, no volume, na velocidade, nanotecnologias no ínfimo..., o hominescente ergue-se à altura do Mundo.

Donde a urgência de reconsiderar os estatutos respectivos desses dois sujeitos ativos e, nessa dupla, seus respectivos papéis, até agora considerados como contrários, agressivos ou polêmicos.

Capítulo II

As coisas do mundo

Jogo a dois e jogo a três

Diante desse hominescente infinito, apresenta-se hoje, assim, um Mundo finito. Duas palavras, inicialmente, para fechar temporariamente minha proposição.

Um novo recuo. O primeiro ato de uma evolução importante da nossa relação com o mundo e o destino humano transcorre na Antiguidade, quando as sabedorias, mesmo quando se opunham, distinguiam conjuntamente as coisas que dependiam de nós daquelas que não dependiam. O sábio sabia ou devia exercer sua conduta e sua vontade, livres, sobre aquelas, sem se preocupar com estas, derivadas da necessidade. Dos estoicos, dos epicuristas a meu pai, passando por La Fontaine, ninguém teria tido a arrogância de esperar um dia exercer algum poder sobre o clima, as epidemias, a hora do próprio nascimento e a da morte.

O segundo ato inaugura a era moderna. Tornemo-nos, pede Descartes, "como senhores e possuidores da natureza". Esse programa traça o caminho daquilo que três séculos justificadamente chamariam de progresso. Resultado das investigações e dos trabalhos suscitados por esse projeto inicial: um número cada vez maior de coisas passou a depender de nós. Acabo de relacionar algumas dessas performances que justificadamente foram consideradas proezas pelos contemporâneos que delas se beneficiaram, até que os mercadores de angústia e os filhos do conforto engolfassem o Ocidente, tornado exigente, numa onda de melancolia.

O terceiro marca a hora exata do contemporâneo: finalmente dependemos das coisas que dependem de nós. Estranho encerramento, de difícil gestão. Com efeito, dependemos de um mundo por cuja produção somos em parte responsáveis. Entramos, como acabo de dizer, na era do antropoceno.

Cai aqui sobre nós como um raio a crise financeira da qual parti: estamos, com efeito, diante do real tal qual, diante das coisas do mundo, na mesma situação que em economia, na qual dependemos justamente do que depende de nós, o dinheiro, o mercado, o trabalho, o negócio.

Por isso é que, ao começar, estabeleci um paralelo entre as duas defasagens, aquela que analiso e a financeira. Em outras palavras: o mundo concreto comporta-se em relação a nós como se o tivéssemos feito; paralelamente, a moeda que cunhamos e os trabalhos que empreendemos comportam-se em relação a nós como se não os tivéssemos produzido.

Bem formulada, claramente desenhada mas produtora de cegueira, essa reviravolta atinge a insondável profundidade de estados em que os sinais que fazemos e o mundo que não fazíamos, nossos produtos e o dado concreto, nossa razão e o real, nossa vontade livre e a necessidade, misturados de maneira estranhamente nova, apresentam-se a nós e exigem de nós outra visão do mundo e dos homens, das práticas e teorias, sem qualquer modelo anterior. Sim, uma vez conquistados, de alguma forma, o domínio e a posse da natureza acabam, pois a natureza nos possui e nos controla de certa forma. Estávamos a ponto de manipulá-la, e já agora ela nos manipula, por sua vez. Como o mercado. Dir-se-ia que diante de nós se ergue outro sujeito. Que é o seguinte.

Para melhor esclarecer esse encerramento, contemplemos um quadro de Goya, cuja análise constava, lá se vão vinte anos, da primeira página de *O contrato natural*.

Para se eximir de tratar as questões verdadeiras, tão difíceis, nossa sociedade, como sabemos, se refugia na representação e no espetáculo: por um lado, terror e piedade, com mortos e cadáveres, para sobrecarregar de real e gravidade vãs repetições; e, por outro, pão e circo, para despertar interesse. Ela então se droga com a pergunta: quem vai ganhar? Constantemente repetida, esta pergunta lança e promove um tempo ofegante, o tempo de um suspense sempre recomeçado. Quem vai ganhar, nas eleições, na melhor venda, no futebol, nas medalhas dos Jogos...? Curiosa expectativa de um resultado que, no entanto, todo mundo conhece antecipadamente: ganha sempre o mais rico, seja nos Jogos Olímpicos ou no futebol e nas eleições.

O quadro de Goya representa dois adversários de torso nu em combate. Quem vai ganhar?, perguntam-se, ansiosos, os mencionados toxicômanos. Quando Hegel põe em confronto o Senhor e o Escravo, rapidamente informando o resultado da luta — o Escravo torna-se senhor do Senhor —, esquece, filósofo afastado do mundo, esquece, digo eu, de mencionar onde se desenrola o conflito: na Place de Grève,* na clareira de uma floresta, num ringue de sumô? Mais realista, pois a isto forçado

* Antigo nome, até 1803, da atual Praça do Hôtel-de-Ville em Paris, à beira do rio Sena, que abrigam um importante mercado. (*N. T.*)

por seu mundo pictórico de representação, Goya pinta o lugar: mergulha os pugilistas em areias movediças. A cada golpe desferido, os combatentes afundam cada vez mais. Joelhos, coxas, quadris, ombros... e a boca, amordaçada por uma pera da angústia, vai tentar, cheia de areia, pedir socorro... Naturalmente, nenhum dos dois conseguirá salvar-se da densidade rígida do afundamento.

O jogo a dois que apaixona as multidões, opondo apenas seres humanos, o Senhor e o Escravo, a esquerda contra a direita, os republicanos contra os democratas, determinada ideologia contra outra qualquer, os verdes contra os azuis..., desaparece em parte a partir do momento em que interfere esse terceiro. E que terceiro! O próprio Mundo. Aqui, a areia movediça; amanhã, o clima. A água, o ar, o fogo, a terra, flora e fauna, o conjunto das espécies vivas... esse país arcaico e novo, inerte e vivo, que mais adiante chamo de Biogeia.

Fim dos jogos a dois; início de um jogo a três. Eis o estado global contemporâneo.

Levar em conta esse novo terceiro obriga-nos a uma estranha saída do político estrito; refiro-me aos vínculos entre os seres humanos e apenas entre eles, à cidadania entendida como conjunto das relações que mantemos na cidade. Tomamos consciência de que desde tempos imemoriais jogamos apenas jogos a dois: levamos em conta apenas os homens. Achamos que cem negociações, entre sindicatos e governo, depois entre governos nas assembleias internacionais, onde cada um defende seus próprios interesses, que esses duelos perpétuos resolvem ou resolverão as questões, exteriores a esses debates, dizendo respeito ao ar irrespirável, à água e à vida prodigiosa dos mares, ao fogo e à energia, ao fulminante desaparecimento das espécies vivas etc. Confiamos numa velha política cuja característica essencial define-se por esse jogo a dois: mão a mão, humano contra humano. Ela foi um dia chamada dialética e chegou a ser considerada o motor da história!

Dessa forma, o ar, ausente dessas negociações, ou antes pretexto para elas, não para de ser poluído, o mar se esvazia de vida, as espécies morrem... E quem defenderá os peixes, mudos em seu túmulo d'água, mas que alimentam um quarto dos pobres? O ar e a água, sem boca nem língua, quem vai falar em seu nome? Quem representará a terra e o fogo, as abelhas e as plantas por elas polinizadas? Definitivo golpe contra o narcisismo humano: vemo-nos agora forçados a admitir o Mundo como terceiro em nossas relações políticas. Por acaso, o novo jogo a três substituirá a tríade anterior, que pressupunha apenas jogos a dois em cada uma de suas funções?

A Biogeia

Quem terá então a audácia de fundar, não mais instituições internacionais, nas quais esses jogos a dois, inutilmente perpetuados, permanecem cegos ou prejudiciais ao Mundo, mas uma instituição literalmente mundial, na qual a Biogeia, finalmente representada, por fim venha a ter a palavra? Num livro recente, eu lhe dava o nome de WAFEL, com as iniciais inglesas dos quatro elementos e dos seres vivos. Nela haveriam de se reunir, não os deputados das nações, como sempre, mas os representantes diretos da água, do ar, do fogo, da terra e dos seres vivos, em suma, dessa Biogeia, assim designada para dizer a Vida e a Terra.

Sempre habitamos e agora voltamos a habitar essa antiga e nova casa dos seres humanos. Sim, nela vivemos em companhia de Flora e Fauna, das rochas, dos mares e das montanhas, sem fronteiras nem alfândega. Da mesma forma, a família latina outrora reunia mães e pais, primas e irmãos, as ferramentas agrárias, relhas, jugos e carroças, com os animais da fazenda, vacas, porcos e ninhadas; não dissociava os homens do seu mundo. A Biogeia tampouco. Sempre a habitamos, portanto, antes que a história, as guerras e os ódios, as culturas e as línguas nos separassem. Hoje voltamos a integrá-la, depois de algum tempo de esquecimento. Filhos pródigos, retornamos a casa. Ou então, impondo-se, isto sim, ao nosso esquecimento e à nossa ingratidão, a Biogeia por sua vez nos faz esquecer as mil redes das nossas separações.

Esse país estrangeiro, familiar, tão antigo quanto real, essa nova e velha nação na qual nascem os vivos, inclusive humanos, e que é assombrada pelas coisas, na qual as nações humanas efêmeras traçaram fronteiras temporárias e nos tornaram estranhos uns aos outros, ao passo que a água e o ar ignoram toda muralha..., é regida por leis, assim chamadas pelo mesmo nome das que organizam as diversas regiões dos homens e que foram editadas por legisladores famosos como Sólon ou Rousseau. Os da Biogeia chamam-se Newton, Poincaré, Darwin ou Pasteur.

Bem conhecido desses cientistas, muitas vezes estranho a muitos outros homens de hoje e a suas práticas, esse país não desfruta ainda nem de direito nem de política, nunca nomeou ministros nem embaixadores. *O contrato natural*, *O mal limpo* e *A guerra mundial* tentaram anteriormente lançar as bases de um início de jurisdição: resumindo, esses livros propuseram antes de mais nada um pacto prévio pondo fim à violência, realmente guerreira, da exploração das coisas do mundo, e em seguida o estabelecimento de um bem comum oposto às condutas de propriedade, responsáveis pela poluição. Pois ninguém jamais foi capaz de fundar sociedade nem mesmo família sem começar pela elaboração de um direito. E, ainda por cima, não há direito sem língua.

Ora, nessa Biogeia em que os humanos e o Mundo vivem em simbiose, não se fala apenas uma língua universal, a língua das leis há pouco citadas, a matemática, mas se utilizam diversos códigos, neles estando todas as coisas, inclusive nós, *codificantes e codificadas*. Pois todos nós, coisas inertes, seres vivos e seres humanos, *emitimos, recebemos, armazenamos e tratamos informação. Igualmente universais, essas quatro regras* dizem respeito tanto às línguas dos homens quanto aos códigos dos seres vivos e das coisas. Esse quadrado de operações ou ações reina na Biogeia. Ora, tal como as leis, esses códigos levam o mesmo nome que o código civil ou o código napoleônico. Voltamos ao direito.

Por meio desse curto-circuito perfeitamente novo entre os códigos naturais e culturais, a mencionada Biogeia dá outra ideia da mencionada globalização. É bem verdade que esta nasceu da nossa mobilidade, dos transportes distantes e rápidos de seres humanos e mercadorias. Entretanto, limitada a isto, ela ainda trai nosso eterno narcisismo e nossas mesquinharias de curto prazo. Pois nos globalizamos desde nosso surgimento, ao deixar a África e percorrer a Eurásia, viajando para a Austrália ou descendo ao longo das Rochosas e dos Andes; rapidamente seguimos caminhos onde se promovem o trânsito de frutas e legumes, as rotas dos incas, da seda e das especiarias; transportamos também, na lona de nossas tendas e no casco de nossos navios, nossos animais favoritos e passageiros clandestinos: ratos, pulgas, micróbios e vírus mortais. Já não se trata hoje desses tipos de expansão, quase todos datados de milênios, mas crescendo apenas com nossas tecnologias contemporâneas. Eis uma globalização que data do surgimento do *Sapiens*.

A novidade exige pensar, agir e viver frente ao Mundo. O hominescente descrito na primeira parte se globaliza ao mesmo tempo em que forja o globo e constrói sua força frente à força do Mundo. Vivendo a era do antropoceno, simbiota e habitante da Biogeia, ele negocia com ela para inventar leis, ainda não escritas nem ditas, cujo espírito e alcance farão a síntese entre Sólon e Newton, Einstein e Montesquieu, entre as leis da natureza e as da cidade, entre os códigos que regem a vida e os que governam nossos comportamentos. Creio que desde sempre a filosofia buscou o lugar no qual se pudesse entender por que essas duas palavras, lei e código, valem para os humanos e as coisas. Aí está.

Graças a suas codificações próprias, seria a Biogeia capaz de tomar a palavra por si mesma? Como irá ou poderá entrar em negociação conosco? Poderia tornar-se sujeito de direito?

A fala do Mundo ou a terceira revolução na Terra

Debate jurídico, o processo de Galileu é o prenúncio já na era clássica, segundo se afirma, das primeiras tensões entre os cientistas e a sociedade: sempre o mesmo jogo a dois. Volto aqui a uma história breve. Em seus trabalhos, com efeito, Galileu formulava uma linguagem algébrica expressando determinado acontecimento do mundo; a tradição da Igreja sustentava uma linguagem completamente diferente, religiosa, mítica, teológica, como queiram. Se ocorre então uma condenação, não chegou a haver no caso morte humana. Fascinadas com o espetáculo oferecido por um debate contraditório e patético, a história e a ideologia retêm a polêmica e esquecem seu objeto: a queda de determinada coisa. Naquela época, ninguém julgou Galileu por tê-la observado ou entendido. O que estava em jogo era a língua, algébrica ou divina, da explicação. Jogo a dois, mais uma vez.

Entre os gregos da Antiguidade, pelo contrário, cuja sabedoria costumamos celebrar, em numerosos processos que prenunciam e antecedem o de Galileu, aqueles que já antes de Sócrates eram chamados físicos foram condenados sob a direta acusação de cuidar das coisas do mundo e assim relegar as questões da cidade. Nesses casos houve às vezes morte humana. Não se tratava de opor determinado discurso a outro, mas de condenar a própria atitude da observação. Você está sempre com a cabeça nas nuvens, voltado para os astros; caindo no poço, torna-se ridículo, mesmo aos olhos das mulheres; não cumpre seu dever de cidadão; negligencia a moral cívica do compromisso. Morte aos não engajados!

Foi assim que os antigos gregos, apesar de fundadores da ciência, transformaram o Mundo no lugar mudo do esquecimento e da traição, no subúrbio do desterro. O que ele hoje ainda continua a ser. Com efeito, a que sou solicitado o mais das vezes, em mesas-redondas mundo afora, senão a falar das relações entre as ciências e a sociedade, logo, das relações correntes entre certos humanos e outros, sustentando entre eles mil tipos de discursos, e, portanto, a tratar das questões da cidade? Sim, do engajamento, e não do Mundo, terceiro mais uma vez excluído.

Regredimos da era galileana, clemente, na qual dois discursos pelo menos falavam das coisas, a uma Antiguidade cruel com os homens e que deixava o Mundo de lado.

Acontece que as ciências, pelo menos as duras, cuidam das coisas do mundo, tratando a sociedade, por sua vez, da sociedade. Eu poderia aqui me entregar, atendendo exclusivamente ao desejo dos notáveis, a algumas variações conhecidas e em toda parte repetidas do espetacular jogo a dois ciências-sociedade: reiterar as relações tensas entre cientistas e militares; os conflitos dos biólogos ou dos médicos com os juristas ou os religiosos; investir contra o criacionismo; deplorar a ausência de crônicas científicas nos meios de comunicação; repetir a necessidade dos comitês de ética; prantear Chernobyl; retomar o boato disseminado na opinião pública sobre as ondas elétricas; citar os adversários dos OGMs; condenar a Monsanto e suas estratégias criminosas de domínio das espécies e sua reprodução; evocar a miséria das mães de aluguel... os grandes temas da atualidade, ora!

Desde a década de 1960, participei, durante meio século de trabalho e não raro de solidão, desses problemas de moral, direito, política. Pude mesmo introduzi-los em certos casos, sob vivas críticas dos acadêmicos. De modo que poderia reiterar tranquilamente e em nome de uma espécie de prazer repetitivo os argumentos e bordoadas desses debates cujo brilho e ruído hoje ocupam a boca de cena, já que o espetáculo exige a maior quantidade possível desses jogos a dois.

As ciências falam das coisas do mundo e as sociedades, das sociedades; os gestores e os políticos cuidam das cidades, e não das coisas do mundo. O célebre nome de um jornal parisiense significa, para muitos, o mundo mundano dos seres humanos, mais que o mundo mundial das coisas do mundo. E como os diversos países têm tendência a tornarem-se cidades generalizadas, quem hoje em dia cuida, na sociedade, das coisas do mundo? E como nos países semelhantes ao nosso a proporção de camponeses diminuiu em algumas décadas de 50% para 2%, quem trabalha nos campos, que se tornaram desertos? Quem habita o interior, senão os ricos da cidade em suas residências de veraneio e prazer arcadiano? E como os filósofos, intelectuais, políticos, jornalistas, em suma, os que contam por dispor de um site emissor de imagens e palavras, se nutriram desde a juventude das ciências humanas e sociais e exclusivamente delas, quem vai ao encontro hoje das ciências que falam das coisas do mundo? Na época já distante em que eu publiquei *O contrato natural*, causei indignação ou riso entre esses bravos ao pedir-lhes que se tornassem um pouco físicos! Todos nós vivemos e pensamos como acosmistas.

Pois aqui vai a notícia. Ao passo que, desde os gregos e Galileu, as ciências cuidavam das coisas do mundo num recorte disciplinar cada vez mais sofisticado, eis que recentemente todas elas juntas, de uma só voz, mais concretas, mais ligadas, mais próximas do detalhe e das relações, começam a dizer o Mundo, não mais como coisas locais, mas como um parceiro global. Dizem também que o Mundo diz. É como se os cientistas começassem a decifrar o que diz a Biogeia.

Por integração continuada das ciências, a ciência descobre e inventa o Mundo, cujo ruído de fundo envia à sociedade uma mensagem urgente. Como ouvir esse novo parceiro, arcaica embarcação na qual embarcamos, casa de nossos antepassados e de nossos descendentes? Tomada pelos cosmonautas, pudemos ver sua imagem global pela primeira vez: estranha e poderosa novidade para a humanidade. Acabo de enumerar suas mudanças, a força e o poder que representam, e nós tomamos conhecimento de sua ameaça. Acaso ouvimos suas vozes ou sua Voz?

Arrisco a hipótese de que nossa cultura e nossa história ocidentais nasceram aos poucos do fato de levar cada vez menos em conta o Mundo. Passávamos a vida e dedicávamos os pensamentos a deixar a Biogeia. Mesmo nossas ciências, objetivando-a, colocam-na à distância. Todas as culturas levam em conta o Mundo, exceto provavelmente a nossa, que substituiu, por exemplo, o direito natural antigo por um direito natural moderno, baseado exclusivamente numa suposta natureza humana. O Grande Pã morreu, sussurrava uma voz misteriosa ao redor do Mediterrâneo, no início da nossa era. O real é racional: surdos àquele, ouvimos apenas este. Cidade *intramuros*, sociedade de humanos entre eles, fora do campo, fora da rusticidade, fora das ciências duras, fora do Mundo. Importam apenas os sujeitos, coletivos ou individuais, narcisos juntos em seu prado.

Ora, nossa cultura sem mundo de repente encontra o Mundo, não como todos os outros ou como nossas ciências em outros tempos, por lugares ou partes, mas na totalidade. Nossa voz cobria o Mundo. Ele faz ouvir a sua. Tratemos de abrir os ouvidos.

Derretimento das geleiras, elevação das águas, furacões, pandemias infecciosas, a Biogeia começa a reclamar. E, com efeito, eis que esse Mundo global, apesar de estável sob nossos pés, cai de repente na cabeça de mulheres e homens de tal modo apanhados de surpresa que se perguntam como receber, em sua sociedade sem mundo, ciências que, voltadas para as coisas do mundo, acabam de adicioná-lo, de medir suas forças soberanas e de ouvir a voz estranha dessa totalidade. Pânico, o Grande Pã voltou!

E como o mundo de repente cai na nossa cabeça, damo-nos conta, ainda não tarde demais, espero, que esses jogos a dois, de que são feitas muitas vezes nossas dores e guerras, mas sempre nossas mesas-redondas e programações deliciosas, dão lugar, como acabo de dizer, a um novo jogo a três que modifica a distribuição de cartas e o conjunto das questões urgentes a serem tratadas.

O novo triângulo chama-se Ciências-Sociedade-Biogeia. Novo e verdadeiro jogo a três: dois tipos de seres humanos, não raro em confronto, mais ela, que além do mais nos abarca. Eis, portanto, três relações e não apenas uma só; eis uma superfície triangular e não uma linha única. Ora, não há mulheres nem homens nessa Biogeia hoje recuperada, embora a tivéssemos excluído; na outra ponta do triângulo, ela age, contudo, e reage sobre nós, como uma espécie de primeiro motor. Essa ponta do novo triângulo age, reage já agora sobre os outros. Logo, sobre nós.

Seria possível falar a voz saída dessa ponta?

* * *

Integrando suas diferenças, as ciências passam agora a dizer a fala do Mundo; a sociedade continua cuidando apenas de si mesma. No atual momento, no qual ela produz as coisas do mundo e dele recebe, em troca, o efeito global na cabeça, quem lhe vai falar em nome desse mudo, cujo ronco preocupa e aos poucos vai cobrindo o ruído ensurdecedor dos centros das cidades e o barulho tonitruante do circo político-midiático?

A título de exemplo, nossas instituições internacionais não se chamam assim à toa: trata-se, com efeito, das nações, logo, das relações, não raro polêmicas, entre sociedades unicamente humanas. Trata-se, portanto, ainda e sempre de um jogo a dois; homens de um lado e homens do outro, opostos, como vimos no caso escolhido, quanto à pesca, na qual cada um busca, por interesse, safras cada vez maiores; como ninguém representa os peixes, mudos, suas espécies agonizam nos oceanos vazios, muito embora a maioria dos pobres se alimente de peixe. Nessas instituições, os funcionários defendem os interesses de seus respectivos governos, e nunca os do Mundo. Todo jogo a dois exclui esse terceiro. Sim, o Mundo continua sendo o terceiro excluído de nossas políticas ultrapassadas. Não é de chorar de rir que os Estados do mundo enviem políticos como embaixadores para tratar das questões que dizem respeito ao clima, aos polos ou mares, embora não falem seus códigos, ao passo que glaciólogos, físicos do globo e ocenógrafos, mudos, são capazes de estimar com exatidão as ameaças que sobre eles pesam?

Acabo de propor a criação de uma instituição não internacional, mas mundial, na qual o ar e a água, a energia e a terra, as espécies vivas, em suma, a Biogeia, sejam representados. A WAFEL seria o parlamento da Biogeia. Mas quem tomaria a palavra nesse parlamento de mudos? Mais vale tratar rapidamente de discuti-lo — é o que faço mais adiante — que se entregar às mencionadas repetições. Mas, de qualquer maneira, certamente que não os atuais políticos, totalmente ultrapassados, como se vê por sua ignorância das falas e coisas do mundo. Ousaria eu dizer que a política, tal como ainda a praticamos, coloca-se ela mesma de fora nesse jogo a três? Seu caráter superado decorre dessa ausência.

Revolução: a Biogeia-sujeito. O novo jogo a três, com efeito, exige disposições muito diferentes das dos políticos. Eis aqui: a partir do momento em que o Mundo se anuncia como objeto global, está criando, à sua frente, um novo sujeito global, uma nova sociedade: a humanidade. A mencionada globalização parece-me hoje pelo menos tanto um resultado da atividade do mundo quanto das nossas. Surpresa para nós, ocidentais: o novo objeto global comporta-se como um sujeito. Antigamente objeto passivo, ele se torna fator determinante. Trocamos os jogos a dois suscitados pelas relações narcísicas entre nossas ciências e nossas sociedades por esse novo jogo a três *no qual o Mundo desfere os primeiros golpes, mais fortemente que nós*. E, realmente, como um *sujeito*. Em poucas décadas, o antigo objeto passivo tornou-se *ativo*. O antigo sujeito humano, como vimos, passa a depender, justamente, daquilo que dependia dele. Que novidade para os filósofos do conhecimento e da ação! Aproximamo-nos, aí, da placa tectônica anunciada no início.

As ciências fizeram do mundo seu objeto. Nada mais decisivo que a invenção na Idade Média desses dois polos do conhecimento: sujeito-objeto, instâncias ignoradas pelos antigos. Por outra maneira de esquecer a Terra, Kant fez dela a metáfora ou o símbolo de todo objeto possível. Decidiu que o objeto girava em torno do sujeito, como a Terra ao redor do Sol; naturalmente, nós iluminávamos a Terra-objeto como se produzíssemos um brilho tão forte quanto o Sol-sujeito; que Rei-Sol tornou-se então o sujeito conhecedor? *Ego*. Cúmulo do narcisismo! O mesmo Kant designou como copernicana essa segunda evolução cujas maneiras derrubaram a primeira, dita ptolomaica, para a qual um sujeito girava ao redor do objeto, como outrora, quando se pensava que o Sol girava em torno da Terra.

Entramos então na terceira dessas revoluções, aquela que anuncio no entretítulo. Ei-la aqui.

Em textos pouco lidos e desprezados por muitos porque falam de religião, o velho Auguste Comte costumava chamar o planeta Terra de Grande Fetiche. Como definir um fetiche? Como um deus, certamente, não raro com dois corpos, esfinge-leão com cabeça de menina, macho com cara de chacal, certamente aterrorizante, por vezes atendendo às nossas súplicas, mas que era venerado por nossos antepassados, embora não pudessem ignorar que tivesse sido modelado por um artesão da madeira ou um escultor em mármore. Tolos, confundiam um objeto de argila com um sujeito de pensamento ou intenção! Que imbecis!

Mas esses antigos não eram assim tão imbecis, ou então nós também somos tolos. Vejam o Mundo, de fato. Não podemos ignorar que, nas atuais condições, do antropoceno, nós o moldamos como objeto, com nossa demografia, nossas apropriações desmazeladas, nossas lavouras e pastagens, nossas técnicas, cujas dimensões em certos casos alcançam as suas, com práticas derivadas de nossas teorias. E eis que de repente ficamos apavorados com ele, pois, tendo-se tornado sujeito, ele nos cai na cabeça! Gênio, ele, portanto, nos aterroriza, esse fetiche, que, no entanto, foi feito em parte por nossas próprias mãos. Aqui, volto a encontrar o resultado de há pouco: sim, dependemos agora daquilo que, ainda ontem, dependia exclusivamente de nós. Acaso o Mundo nos estaria projetando numa era fetichista, como o Mercado ou a Finança? Entre parênteses, o fato de considerarmos o dinheiro igualmente como um fetiche já fora dito por Zola e Marx depois de Comte, e por Hergé, em *A orelha quebrada*, antes de mim!

Ora, o fundador do positivismo diz também que o fetichismo constitui o estado primeiro da aventura humana. Sob presságios semelhantes, com efeito, tem início uma nova era, anunciada por essa terceira revolução. A palavra antropoceno não significa outra coisa: julgávamo-nos outrora sujeitos, individuais ou coletivos, de um objeto passivo, o Mundo. Reviravolta: tornamo-nos objetos desse novo sujeito, a Biogeia. Eis por que lhe dou um novo nome. Como já disse, sua voz hoje faz quase tanto barulho quanto o circo social. Melhor ainda, continuando sujeitos ativos de nossos conhecimentos e práticas, mas também tornados objetos passivos das transformações do mundo e sendo, portanto, duplos, temos hoje com um mundo tão duplicado quanto nós, já que, objeto passivo de nossas transformações, ele se torna sujeito ativo do nosso destino; temos com ele, dizia, uma nova relação, como um duplo vínculo cruzado em feedback: nós, sujeitos, objetivamos o Mundo; ele, sujeito, nos objetiva; sujeito, lançado sob nossos pés, ele nos cai na cabeça, realidade residual formidável que nos faz viver, nos transcende e pode nos erradicar. Assim como seria necessário encontrar outra palavra para dizer política, será preciso forjar duas outras para descrever essa dupla ligação cruzada sujeito/objeto do conhecimento, dos atos e do direito. Nem ptolomaico nem copernicano — que eu saiba nossa astrofísica também não poderia se declarar nem um nem outro! — ou os dois ao mesmo tempo, que importa!, esse novo estado de coisas conduz nosso futuro.

A crise atual decorre do fato de estarem morrendo nossas culturas e nossas políticas sem mundo. Chega ao fim uma era imensa da nossa história; melhor ainda, começa nosso tempo de hominescência. Nosso passado não nos ajudará muito a dialogar com esse novo parceiro biogeano cuja imanência determina uma nova ciência, comportamentos novos e outra sociedade. Aí se encontra a causa profunda de todos os nossos movimentos.

Resta ainda ouvir sua fala, o que acabo de fazer da maneira mais desajeitada possível; tentarei mostrar-me mais hábil.

Capítulo III

O conhecimento e os comportamentos

Futuro das ciências

Retomo a questão de há pouco: quem vai falar em nome da Biogeia? Aqueles que a conhecem e lhe dedicaram a vida.

Retorno às três funções. Será que o poder irá se desvincular hoje da velha tríade dos padres, soldados e produtores de riquezas? Neste caso, quem substituirá os três corpos de aristocratas que desde o neolítico se alternaram, às vezes em conivência, na gestão do território indo-europeu? Como não vejo com clareza a borda anterior da fissura, não sei responder a essa pergunta.

Mas arrisco outra hipótese, que domino tão pouco quanto a anterior. O início desta exposição deixou de observar que os seis grandes movimentos transformadores citados provêm todos, sem exceção, da pesquisa científica e suas aplicações: agronomia, medicina, farmácia, bioquímica, física nuclear, ciências da vida e da Terra... Os cientistas, portanto, já manifestaram o poder de transformar a face do mundo e a casa dos homens. Ninguém haverá de negar que tenham sido necessários meios, condições políticas ou econômicas para realizar esses feitos, mas a deflagração inicial sem dúvida cabe aos inventores, naturalmente, como logo direi, com efeitos que repercutem na causa. Sem suas descobertas, não haveria época contemporânea.

Além disso, e ao contrário das indústrias e das instâncias financeiras, só a ciência tem a intuição e o cuidado com o longo prazo, e só o longo prazo, às vezes mesmo muito longo, pode levar-nos a tomar conhecimento do contemporâneo e nos ajudar na antecipação. Espero que este livro possa demonstrá-lo.

Por fim, peço que me deem um único exemplo de um problema crucial hoje, de um programa ou motivo de futura preocupação que não tenha a ver, de perto ou de longe, com o conhecimento. Podemos acaso formular algum projeto do qual ele não conste? Os únicos países emergentes que hoje erradicam a miséria são os que, há vinte anos, seguiram uma política ousada de formação, pesquisa e ensino.

Volto então a fazer a pergunta: quem tomará a palavra na Biogeia? Os cientistas. Não peço que tomem o poder, que infelizmente caiu em tão perigosa ausência de herdeiros a ponto de qualquer um hoje poder apropriar-se dele, mas que tomem a palavra em nome das coisas, a palavra das próprias coisas, a palavra na WAFEL. Que digam o Bem Comum, contra o Mal Próprio sustentado pelos que se apropriavam da antiga tríade. Que definam um novo trabalho, orientado para a reconstrução. Que enunciem, segundo seus códigos próprios, as leis da Biogeia.

Na época do Iluminismo, eles deixaram Júpiter. Seriam capazes de se separar do complexo industrial-militar e cortar toda relação com os setores da economia que destroem o mundo e fazem os homens passar fome? Proponho adiante dois juramentos do cientista nessa nova ótica.

Os cientistas, então, mas quais cientistas? Aqui está. O corpus global das ciências sempre teve um centro. A partir desse lugar mais denso, atraente, recrutador, a partir desse germe ou dessa semente, o saber se desdobra em seu conjunto e recruta em torno técnicas, políticas, opiniões ou ideologias, e mesmo a simpatia das multidões. Esse lugar denso pode ser tomado pela causa de semelhante arborescência ou, em sentido inverso, como consequência dessas práticas concretas ou sonhos abstratos, dos ofícios manuais ou das ideologias, sem que possamos decidir quanto ao sentido da influência, pois aqui, como tantas vezes, as duas coisas, causa e efeito, se enroscam e se intensificam mutuamente. Trata-se de um ciclo que se autoalimenta: sem era contemporânea, também, não há ciências.

Ora, esse centro, na história, se desloca.

No início, o saber rigoroso centrou-se no que os gregos chamaram de *logos*, que não é traduzido, pelo menos aqui, nem como discurso nem como fala, mas significa de maneira original uma das duas proporções $a/b = b/c$ e sua igualdade. Desde esse tempo originário, damos esse nome, x-logia, à maior parte de nossas ciências, exatas ou suaves: cosmologia, biologia... sociologia.

Em torno do que os latinos traduziram então como *ratio* e nós como razão, agruparam-se os teoremas da geometria, dos quais o mais famoso, o de Tales, associou diversas grandezas na mesma forma, as operações formais da aritmética, as demonstrações mais longas e complexas, a primeira álgebra, a construção de máquinas simples para facilitar o esforço muscular dos humanos, alguns raciocínios sobre a justiça social ou distributiva, por fim, em São João, a relação do homem com o Cristo referida à que une seu Filho a Deus Pai.

Medidas, obras, direito, economia, religião. Aí está, resumidamente, o núcleo inicial.

Segundo ato: de Galileu a Auguste Comte, esse lugar de convergência situa-se em torno da mecânica. Para falar como Descartes, a ciência descreve as figuras e os movimentos; Leibniz inventa a força, Pascal, os momentos e os pares, e ambos constroem a máquina de calcular. Depois de Arquimedes e d'Alembert, a mecânica dos fluidos floresce. Newtoniana, a astronomia toma o nome de mecânica celeste. O que tem vida é reduzido a um animal-máquina.

As técnicas convergem nessa direção: abertura de canais, moinhos de vento e água, navios convivendo com a oscilação, guindastes embarcados, gruas, guinchos e roldanas no cais dos portos, todas elas alavancas destinadas a multiplicar a força muscular dos braços humanos, dos bois e cavalos. Lagrange coroa esse ciclo com a sua *Mecânica analítica* e as épocas mais contemporâneas acrescentam a relatividade geral e a mecânica quântica.

O período de transição para os tempos contemporâneos decorre do fato de que, em pleno período mecanicista, surge o fogo dos motores; é bem verdade que a mencionada revolução industrial assiste ao surgimento das moléculas, mas Carnot ainda pensa suas duas fontes como mecânico dos fluidos, e Fourier tenta tornar-se o

Newton do calor. Conhecimento-chave, a termodinâmica torna-se rapidamente estatística, acabando por se orientar para a teoria de informação.

Terceiro ato: de Mayer a Dirac, de Boltzmann a Watson, dessa revolução termodinâmica à química e à eletrônica, assim como no recentíssimo gênio genético, o centro do conhecimento desloca-se então para as grandes populações do elementar, moléculas, átomos, partículas... Já agora entregues ao fogo, todas as máquinas funcionam a vapor, petróleo, com energia elétrica, nuclear... ou informática.

Três estados: o *logos* matemático; as forças mecânicas; a matemática dos grandes números, a física e a química das partículas, em suma, a volta aos elementos.

Quarta parte: formando ao seu redor um novo centro federativo, as Ciências da Vida e da Terra tomam a frente. Ainda não vejo um nome próprio que as encarne e entre elas assuma a posição de comando; nenhum macho dominante, viva a igualdade democrática!

As Ciências da Vida e da Terra (CiViTe) falam a língua própria à Biogeia. Reinventam hoje uma pluridisciplinaridade federada ao seu redor, federação que pode levar a um ensino capaz de apaixonar todo mundo, logo, de suscitar outra sociedade. Inventemos, portanto, outra palavra para dizer política: tornemo-nos civites, em vez de cívicos. Determinada cultura, aquela que chamo genérica, viria a se tornar, sob a pressão do Mundo, a cultura da humanidade. Com efeito, a Biogeia compreende o Mundo e os humanos, sujeitos juntos e objetos dessa ciência que expressam na WAFEL suas preocupações comuns, numa língua comum. Melhor ainda, melhoraremos nossas relações entre nós graças àquelas que teremos com o Mundo.

Desse modo deslocado quatro vezes, esse centro de atração recruta de perto ou de longe o conjunto das ciências, numa espécie de interdisciplinaridade, exporta para todos os outros seus conceitos, sua dinâmica e sua cor, mas também suscita técnicas, indústrias, opiniões públicas e ideologias. Também é provável que ele não seja apenas a causa, mas também, em feedback, o efeito desses efeitos — mas que importa! —, já que tudo transcorre, em ciclo, nessa bola e ao redor dela. Sua densidade me importa.

As ciências da Biogeia, da vida e da Terra ocupam e mostram tão bem esse novo centro de gravidade do saber que hoje ele se refere mais ao conhecimento em seu conjunto que a este ou aquele saber particular; menos à epistemologia singular das ciências que à cognição como tal, aos atos de conhecimento em geral. Elas nos mostram que o mundo nos mergulha nas condições de nossas abordagens do mundo.

Para entendê-lo, partamos mais uma vez da Idade Média, na qual foi inventada, como disse, a divisão entre o sujeito do conhecer — nós, ativos — e os objetos do mundo — neutros e passivos. O domínio das coisas que se seguiu já se embrionava nesse acoplamento assimétrico cujo formato, de terrível eficácia, subitamente mudou o destino do Ocidente. A própria abstração mudou: não se tratava mais da idealidade matemática, mas do fato de que nós mesmos nos extraímos do mundo, dele nos abstraíamos. O mundo inteiro girava ao nosso redor, pequenos sóis eficientes e narcisistas.

E então, tornando-se conhecíveis, às vezes conhecidas, sempre reduzidas e sempre à distância, todas as coisas tornaram-se nossa propriedade. A partir do Renascimento, determinado avanço, chamado progresso, da cultura ocidental, mãe desse acoplamento, logo, das técnicas correspondentes e das ideologias políticas associadas, assumiu postura vertical. Deixamos de nos considerar como coisas do mundo entre outras, mas nossa vida pensante e prática, excepcional, pois distribuidora das leis da natureza, diferenciou-se da existência do resto dos seres existentes, por sua vez sujeitos a essas leis, vale dizer, a nossas leis. Sujeito-Rei-Sol dos objetos.

Essa imensa vantagem, essa distância e essa defasagem, pela assimetria desse acoplamento, chegam ao termo, pois tendem ao desastre. Incorremos na vingança das coisas do mundo, ar, mar, clima e espécies, menos passivas que julgávamos, menos objetivas que desejaríamos, menos servas que sonháramos. Instável, a situação ameaça inverter-se. O antigo escravo pode a curto prazo tornar-se o senhor do senhor, outro jogo a dois extremamente perigoso.

Devemos, portanto, operar imediatamente um novo desengate, aquele que é ensinado pelas ciências da vida e da Terra. Vivemos, dizem elas, como seres vivos cuja vida, ligada à Terra, está condicionada e é mesmo determinada pelas leis da Terra e as leis da vida.

Nossa realeza vacila. Devemos partilhá-la. Acaso nos tornaremos democratas? Creio mesmo que a língua tão soberana de nossa antiga razão vacila ante a voz multiplamente dispersada das coisas do mundo. E nos tornaremos realistas? Vejo inclusive que a preferência popular já se inclina na direção desse saber, mais próximo, mais concreto, mais carnal e também mais humilde. Será que finalmente vamos partilhar a perícia?

Retomada: universalidade de quatro operações

Como o antigo acoplamento assimétrico, extremamente *duro*, pode assim desfazer-se? Por uma segunda evidência que nos é ensinada por essas mesmas ciências: as coisas da Terra e da vida, dizem elas, codificadas como nós, sabem e podem receber informação, emiti-la, armazená-la, tratá-la. Essas quatro operações, já citadas várias vezes, mas aqui retomadas porque nada hoje me parece tão importante quanto meditar sobre seu caráter *delicado*, especificam todas as coisas do mundo, sem exceção, inclusive nós. Esta quádrupla proeza não nos ilustra como sujeitos nem os designa como objetos. Assim como nós comunicamos, ouvimos e falamos, escrevemos e lemos, as coisas inertes, tal como os vivos, emitem e recebem informação, conservam-na e a tratam. Estamos em condição de igualdade. Assimétrica e parasita, a antiga divisão sujeito-objeto não mais vigora; todo sujeito torna-se objeto; todo objeto torna-se sujeito.

Todo o conhecimento muda, assim como a prática e o trabalho e a conduta.

E toda a moral que os fundamenta. Costumávamos, pelo menos no Ocidente, considerar o outro como um rival, um adversário e mesmo um inimigo. O inferno, dizíamos, são os outros. Essa dialética dominava nossas ideologias, nossos comportamentos cotidianos, nossas maneiras de conhecer. Esse outro, às vezes nosso irmão, aquele que fala outra língua ou vive segundo outros costumes, descobrimos aos poucos pela etnologia e as ciências, desse modo realmente humanas, que, inuíte ou aborígine, era mais semelhante que diferente de nós. E não só isso: que essa própria diferença nos enriquecia.

Mas continuávamos na velha ideologia, exclusivamente centrada na própria humanidade, então constituída, pelo menos teoricamente. O outro sem língua humana, quero dizer, a Biogeia, o conjunto dos inertes e dos vivos, nós os consideramos na melhor das hipóteses como objetos, e na pior, como inimigos, sim, outros, em termos absolutos. E, com efeito, vejo nossa relação com a Biogeia como uma guerra mundial. Vencedor, vencido: não sabemos quem vai ganhar, exceto que já sabemos que até em caso de vitória seríamos derrotados.

O que aconteceria então se as ciências duras, depois das mencionadas maravilhas da etnologia, viessem por sua vez a nos ensinar que vivíamos, trocávamos e falávamos como esses outros, segundo as quatro regras aqui frequentemente citadas? Que surpresa! Acaso viriam elas a se tornar por sua vez espécies de ciências humanas?

Melhor equilibrado e mais simétrico, esse novo acoplamento do conhecimento depende então de uma ética muito mais forte, densa e reconhecida no seio das CVT que nas outras disciplinas.

Destruir, matar, explorar não valem mais. Coisas que significam, no fim das contas, destruir-nos. Assinar um contrato natural parece hoje menos uma obrigação jurídica e moral que uma evidência de fato, praticada no e pelo novo centro do saber.

Ciências fáceis e difíceis

Língua das ciências fáceis, a matemática expressa e explica os fatos sobre os quais temos poucas informações, e às vezes mesmo nenhuma, identificando-se o ápice da abstração com esse zero. Filha ou irmã das matemáticas, a informática descreve fatos em que a informação superabunda, pletórica; já falei dos detalhes que transbordam por todo lado. O novo centro também anuncia o surgimento do que eu de bom grado chamaria de ciências difíceis. Fáceis, as antigas o eram porque tratavam de objetos previamente recortados com minúcia, logo, definidos e locais, para serem examinados em modelos passíveis de controle em laboratório. Ciências racionais, de custo fácil. Difíceis, as novas ciências, porque, pelo contrário, entram na realidade dos vínculos que unem as coisas entre elas e as ciências que falam das coisas entre elas. Todas as coisas causadas causantes e codificadas codificantes. Difíceis, é verdade, mas apesar disso acessíveis, pois detalhadas, concretas, próximas e facilmente desfrutando da simpatia de todos.

Pela irradiação dessa nova bola, todas as ciências, mais ou menos, começam então a se assemelhar à ecologia, esse saber de inextricável dificuldade, pois reúne ao mesmo tempo o conjunto dos seres vivos, inclusive nós, conhecedores e conhecidos, ao conjunto das condições inertes de sua vida comum e ao conjunto dos saberes que cuidam deles, da matemática mais abstrata às observações mais minuciosas. A ecologia não recorta nada, ela associa, alia, federa, entra no detalhe e desenha as paisagens: seus mapas se aproximam tanto delas que acabam se assemelhando. De maneira mais geral, as ciências hoje descrevem em detalhes as paisagens do mundo.

Inquietação impertinente: quantos supostos ecologistas políticos sabem o mínimo sobre ecologia verdadeira?

Com bom humor, proponho a criação de pequenos estágios nos quais, sentados na relva, eles aprenderiam.

As CVT também abarcam as ciências humanas

Irradiando ao seu redor, as ciências da vida e da Terra alcançam e renovam as ciências humanas. As ciências cognitivas, entre outras, também se beneficiam delas.

Chegamos, afinal, ao término do raciocínio: como pensar agora a política, o direito, a economia, como inclusive construir uma sociologia sem referência ao nosso mergulho nos elementos e nos seres vivos da Biogeia? A velha passagem do Noroeste, pela qual se atravessava das ciências duras às suaves, assemelha-se hoje a um encobrimento. As ciências humanas e sociais tornam-se uma espécie de subseção das ciências da vida e da Terra. E reciprocamente. Habitamos a Biogeia. A política desse país agora recobre as nossas. E reciprocamente.

Individual ou coletivo, o *Homo sapiens* não pode conhecer nem ser conhecido sem prévia imersão em suas condições de existência, nas quais a biogeografia revela-se agora muito mais decisiva que uma história de modelos ultrapassados. O *Sapiens* não se abstrai mais da Biogeia, que por sua vez não se reduz mais a outras sem homens. O DNA da mais bela das nossas fêmeas não difere dos genes daquela cuja tez secreta e soberana tornou-se o modelo da porcelana. Em sentido inverso, o *Sapiens* interfere e se investe em quase cada lugar da Biogeia, assim como em sua globalidade. Os laços cruzados dessa nova interdisciplinaridade envolvem, portanto, o homem, que por sua vez a envolve.

Dois juramentos

Prometi encerrar com a redação de dois juramentos. O primeiro, já antigo, tem a ver com preocupações éticas; o segundo, totalmente novo, resulta do que antecede.

Motivos do antigo: nenhuma regra ética sabe nem pode proibir previamente o livre exercício da busca coletiva do verdadeiro; se tal recomendação moral intervier depois da invenção, da inovação ou da realização novas, haverá de se tornar por isso mesmo ineficaz. Como fazer para que uma lei moral se exerça *antes, durante e depois* de toda busca?

Questões no mínimo análogas foram colocadas uma vez na história, a um médico grego de boa vontade: Hipócrates. Em sua época, só a medicina era responsável pela vida e a morte dos homens, tanto mais na medida em que sua fidelidade ao organismo, mais conhecido, começava, segundo se acreditava, a torná-la eficaz. Nem o médico, nem o químico, nem, *a fortiori*, o matemático ou o astrônomo, todos afeitos à explicação ou à experiência verídicas, precisavam ainda colocar-se questões semelhantes. Ora, de Hiroshima às mães de aluguel, e de Seveso ou Chernobyl às nanotecnologias, todos se fazem hoje essas perguntas. A ética entrou na medicina há mais de dois milênios; ela invade aos poucos e de outra maneira todas as nossas ciências nas últimas seis décadas.

Acontece também que, de era em era, todo médico presta na conclusão dos estudos o juramento de Hipócrates: única prova de que uma moral e um início de direito podem sustentar-se ao longo das gerações, antigas ou futuras. Cabe, portanto, reescrever hoje um juramento generalizado para o conjunto das ciências, pois todos os cientistas são postos diante das responsabilidades criadoras já mencionadas. Como esse juramento situa-se antes de qualquer prática e, portanto, emana da consciência própria a cada cientista, escapa a todos os atrasos acima mencionados. Cada um haverá de prestá-lo ou não, por sua livre decisão. Ei-lo:

> *Na medida das minhas possibilidades, juro: não permitir que meus conhecimentos, minhas invenções e as aplicações que delas possa extrair sirvam para a violência,*

a destruição ou a morte, o aumento da miséria ou da ignorância, a sujeição ou a desigualdade, consagrando-os, pelo contrário, à igualdade entre os homens, a sua sobrevivência, sua elevação e sua liberdade.

Outro decisivo corte histórico, esse confronto entre o saber e a ética. A filosofia precisa investir um novo esforço na meditação sobre esses conflitos perfeitamente inesperados entre a ciência e o direito, entre o bem comum e a verdade.

Segundo e novo

Voltemos à tríade. A religião administrou os homens; alegando defendê-los, o exército os governou e não raro os sujeitou; por fim, a economia começou a reger suas vidas, às vezes de maneira implacável. Essas três instâncias continuam sendo úteis se não tomarem todo o espaço, permanecendo no seu próprio. Seu domínio exclusivo chega ao fim.

Hoje, quem toma o seu lugar? O conhecimento, de acesso já agora fácil, uma pedagogia acessível, a democracia do acesso generalizado. Só o conhecimento pode tomar a palavra em nome dos homens, o que era feito pelos três órgãos anteriores, mas também e ao mesmo tempo em nome das coisas do mundo, o que ninguém, nem mesmo hoje, sabe nem pode fazer: nova proeza indispensável à dupla sobrevivência do mundo e dos homens.

Para que os cientistas possam falar em nome da Biogeia, é necessário que antes prestem um Juramento cujos termos os liberem de qualquer enfeudação às três classes anteriores. Para se tornarem plausíveis, é necessário que, *laicos, jurem não servir a nenhum interesse militar nem econômico.*

Só a este preço poderão tomar a palavra na WAFEL, em nome da Biogeia.

Saídas da crise?

Mas como evitar que, por sua vez, eles também se tornem uma aristocracia semelhante às que, por trás de diferentes máscaras, não raro mentirosas, governaram os povos em todos os tempos, clero, nobreza, possuidores de dinheiro ou de perícia?

Intervenções e acesso

Não duvido que a casa nova há pouco descrita o impeça. O novo espaço de vizinhanças no qual vivemos permite, pelo celular, o acesso a qualquer pessoa, onde quer que resida ou viaje; pelo GPS, a qualquer lugar, mesmo se não soubermos chegar a ele; por fim, pelos dispositivos de busca, a qualquer informação, mesmo se a ignoramos, e em particular a qualquer texto em qualquer língua, a partir do momento em que o corpus mundial for digitalizado.

Essa universalidade do acesso pode fundar para nós, leigos, plebeus, ignorantes, sem perícia, pobres ou miseráveis, uma autêntica democracia, na medida em que toda hierarquia anterior baseava-se na retenção da informação, na proteção de uma raridade: sacramentos, regras de direito, genealogia das famílias, manuseio das armas, perícia e habilidades, fontes de riqueza e abastecimento, sementes, espécies vivas, propriedade, segredos de práticas e de teoria... A hierarquia é este roubo.

Muito pelo contrário, a democracia manifesta-se a partir da revelação dos mistérios, para começo de conversa; da divulgação dos segredos, em seguida; e por fim, de uma vulgarização universal. Essa inversão da perícia permite igualar as relações entre aquele que ensina e os que aprendem, por exemplo, entre médicos e pacientes também, em suma, toda e qualquer relação na qual uma informação não interativa, assimétrica e, portanto, injusta tenha se transformado em poder. Hoje, vejam que paradoxo, a mais bela mina de ouro reside nos dados, os chamados *data*, e quero dizer realmente dados: à disposição de todos e compartilhados. Esse acesso universal muda a própria natureza do poder.

Eu gostaria de redigir leis antitrustes que proibissem a reconstituição secreta desses pequenos capitais secretos cujo tesouro, controlado, permite sujeitar os seres humanos, controlados. A liberdade é o acesso.

Não só o acesso, possível, mas a intervenção, ativa. O novo habitat permite a cada um, ignorante, sem perícia, indigente, pobre ou miserável, menor em todas as ordens, instruir-se, investir-se, dar sua opinião, participar das decisões, compartilhar perícia, em suma, manter-se atento a seu próprio destino e ativo no destino da coletividade. Surge então um voto em tempo real e generalizado, permitindo sonhar com uma autêntica democracia de participação, pois aqui a igualdade reina tanto para a intervenção, livre, quanto pelo acesso, fácil.

Gostaria de escrever relatos, canções, poemas, mil textos calorosos para estimular toda mulher e todo homem a intervir, a tempo e em contratempo, em toda questão pública, que lhes diga respeito ou que não lhes diga respeito.

Intervenções e acesso dizem respeito, aqui, à informação que os especialistas dizem suave — *soft* — e não à potência bruta — *hard* —, o sabre do policial ou a bomba nuclear, martelo ou foice, duros.

Explico-me.

Que drama para o pensamento essa velha moral do engajamento político! Ela privou os filósofos, empenhados em repetir as palavras de ordem pré-fabricadas dos partidos, às vezes até o crime ou a cegueira, ou a buscar a pequena glória formatada nas mídias, privou-os, dizia, do tempo e da possibilidade de reconhecer o real contemporâneo e de meditar nas questões colocadas por suas rupturas. Nada esconde mais as coisas novas que as notícias da atualidade e da informação.

Frente a mudanças mínimas em comparação com as nossas, os pensadores do século XIX tinham promovido dezenas de novos programas políticos, inclusive as utopias e a pseudociência. Diante de gigantescas transformações, os do século XX, não. Traição dos eruditos.

Urgente, eis um trabalhinho pelo qual os engajados poderiam recomeçar: trabalhar na Reforma do Entendimento. Onde reencontro minha distinção entre o duro e o suave.

Dureza da Biogeia: frutas tóxicas, venenos, cogumelos venenosos, aranhas ou serpentes venenosas, lobos devoradores, vasculhadores de lixo e carnívoros, vorazes, parasitas, bactérias, micróbios, vírus... Animal ou vegetal, cada espécie dispõe de pelo menos uma arma de defesa ou ataque.

Quanto ao *Homo*, detém a inteligência. Não cessou de utilizar sua força, mas na maioria das vezes para dominar, tornar-se o primeiro, o mais forte, esmagar todas as coisas e todos os humanos no seu caminho, ganhar. Armado com ela, venceu a natureza e seus pares miseráveis, ao longo de uma evolução guerreira que de fato termina com essa vitória, triunfo, no entanto, tão paradoxal que poderia, em troca, arrastar a espécie à erradicação. Como evitar essa derrota? Mudando a arma maligna: sim, a inteligência. Ainda no terreno do veneno e das presas, ela deve evoluir, o mais rápido possível e sob risco gravíssimo, da vontade de poder para a partilha, da guerra para a paz, do Ódio para o Amor. Eis um objeto da minha filosofia, de toda a filosofia, pois seu título associa as duas palavras deste projeto.

Aos adeptos do realismo em política, essa palavra Amor parecerá bem utópica e piegas. Talvez até feminina! E, no entanto, hoje, a suavidade que implica não significa apenas ternura, mansidão e paz, mas também define um conjunto de conhecimentos, tecnologias e práticas — justamente as da intervenção e do acesso — cuja importância rapidamente leva a melhor sobre as técnicas *duras* que utilizamos e louvamos, mas que destroem nosso habitat desde no mínimo a revolução industrial e no máximo a idade da pedra. Suaves, as três revoluções da escrita, da impressão e do computador revolucionaram a história, os comportamentos, as instituições e o poder em nossas sociedades, de maneira muito mas fundamental que as mudanças duras, das técnicas do trabalho, por exemplo.

Repito, duro é o que se diz do trabalho em escala entrópica: marteladas num buril, derretimento do aço, motores, bombas nucleares. Suave se diz dos atos em escala informática: traços, marcas, signos, códigos e seu sentido; citei constantemente as quatro operações relativas à informação.

Pedras antes, gravuras depois.

Também aqui, uma espécie de paleolítico chega ao fim. Bifurcação imprevisível de hoje: fim do duro, início do suave. Do suave, e não só da moral, mas também dos códigos, suave teórico, erudito, operário — por exemplo: diminuição dos colarinhos azuis, crescimento imenso dos colarinhos brancos —, produtor, jurídico, coletivo; um suave que permite a intervenção e o acesso. Eis que chegamos à placa profunda na qual os encontros, os curtos-circuitos e as rupturas entre o suave e o duro provocam terremotos.

Eis, portanto, o segredo do livro e da crise: as defasagens escancaradas que se abrem entre o cassino da Bolsa e a economia real, os números de nossas convenções fiduciárias e a Biogeia dos vivos e da Terra, tanto quanto a que separa o circo político-midiático do estado evolutivo das pessoas e da sociedade, distâncias que em suma equivalem à bifurcação do duro e do suave.

Prometo para amanhã um longo livro sobre esse suave.

Vincennes, 09-09-09

Impresso no Brasil pelo
Sistema Cameron da Divisão Gráfica da
DISTRIBUIDORA RECORD DE SERVIÇOS DE IMPRENSA S.A.
Rua Argentina, 171 – Rio de Janeiro, RJ – 20921-380 – Tel.: (21)2585-2000